Edson Alves de Sousa

MELHOR CONHECER ANTES DO QUE DESCONHECER DEPOIS

ENFRENTANDO O PROBLEMA DO DIVÓRCIO

Todos os direitos em língua portuguesa reservados por:

© 2011, BV Films Editora Ltda
e-mail: comercial@bvfilms.com.br
Rua Visconde de Itaboraí, 311 – Centro – Niterói – RJ
CEP: 24.030-090 – Tel.: 21-2127-2600
www.bvfilms.com.br / www.bvmusic.com.br

É expressamente proibida a reprodução deste livro, no seu todo ou em parte, por quaisquer meios, sem o devido consentimento por escrito.

Copyright © 2007 por Edson Alvez de Sousa
Originalmente publicado em português por: BV Films Editora
Melhor Conhecer Antes do que Desconhecer Depois
Todos os direitos reservados

Editor Responsável: Claudio Rodrigues
Coeditor: Thiago Rodrigues
Capa e editoração: Guil

Revisão de Texto: Christiano Titoneli Santana
            Daiane Rosa Ribeiro de Oliveira
            Mitsue Siqueira da Silva

ISBN: 978-85-61411-47-3
2ª edição – Julho/2011

Impressão: Imprensa da Fé

Classificação: Crescimento Espiritual/ Relacionamento/ Autoajuda

Impresso no Brasil

ÍNDICE
ଔ

Apresentação	05
1. Cultura da preservação do casamento	07
2. Dando uma chance ao seu casamento	11
3. Um caso excitante escondido	15
4. O começo do fim	19
5. Separação civilizada	23
6. Oficializando o que já existe	27
7. Carência pós-separação	31
8. Concessões bíblicas para o divórcio	37
9. Algumas perguntas	43
10. Casar ou não casar?	53
Considerações finais	59

Apresentação

☙

"Se estou só, quero não estar
Se não estou, quero estar
Enfim, quero sempre estar
Da maneira que não estou"

Fernando Pessoa

1

Cultura da preservação do casamento

Antigamente, muitos casais se uniam sabendo que não havia amor conjugal entre eles, porém criam que o "tempo" os faria amar. E, muitas vezes, acabava acontecendo. Mas quando não acontecia, havia, entretanto, a cultura da preservação do casamento. Isto porque os nossos pais e os pais deles eram filhos de uma outra geração, de um outro mundo, no qual, as almas humanas tinham outros valores e expectativas conjugais. A maioria das vezes, se a família fosse boa, os maridos traíam de vez em quando, mas jamais pensavam em deixar a mulher em razão da sociedade e da família. E as mulheres, em geral, se satisfaziam com o papel de esposa oficial e de mãe.

Hoje, no entanto, tudo é diferente. Ninguém (somente gente interesseira) casa sem gostar; e nem fica casado sem alegria, harmonia e bom entendimento — pois já não há a cultura da preservação do casamento. Por isto, já não existe a resistência e a capacidade de suportar um casamento sem amor conjugal, visto que as expectativas são outras.

Hoje, sem que os dois queiram muito, ninguém consegue ficar junto num casamento emocionalmente estéril e sem filhos — a menos que um dos dois adoeça e se torne codependente do outro, apesar de toda infelicidade.

Quando se decide pela permanência no casamento, o que vejo é sacrifício. Até então, se as coisas do coração forem se acalmando com a passagem do tempo, no fim da meia-idade e no início da estação idosa, normalmente a pessoa fica mais calma.

O divórcio não é o ideal de Deus para ninguém, e deve ser feito tudo o que se puder para ajudar as pessoas a conviverem em paz.

A preocupação da Palavra é com a injustiça! E é injustiça tudo aquilo que não é justo. Ora, essa obviedade se aplica a tudo, menos ao casamento? Não creio! Assim como não é justo se "divorciar por qualquer motivo"— conforme faziam muitos em Israel, inclusive nos dias de Jesus— também não é justo carregar um casamento maligno e doente, apenas porque o parceiro(a) não causa uma "margem legal" para a separação, enquanto oprime o outro o dia todo.

Paulo disse que cada um deve andar conforme foi chamado. Ora, esse princípio se aplica a tudo. Há casamentos que são usinas de aflições e doenças! Ficar num casamento em tal circunstância é a receita para a traição e para as muitas feridas e mágoas. Algumas tragédias podem acontecer, a saber:

1. Oram para que o outro traia e dê a razão clássica para o divórcio: o adultério.

2. Oram para que o outro seja levado para a eternidade. Belo modo de pedir a morte!

3. Oram para que o outro não aguente, abandone o lar. Enfim, tudo isso é coisa de macumba! São desejos iguais àqueles que levam alguém a desejar o mal quando faz um despacho!

O que é mais importante para Deus? Que não haja separação legal até acontecer o adultério ou que haja separação, já que o casal não se ama mais?

Que Deus é esse que se satisfaz em ver uma pessoa mal casada e infeliz por ter cometido o erro de se casar, ao invés de Ele desejar ver o casal buscando a verdade em seus corações?

Será que duas pessoas que não se amam e que se fazem mal, mas que têm um papel de casamento na mão, estarão, por tal legalidade, agradando a Deus?

Será que aos olhos de Deus, o marido, que se separou porque venceu a disputa do adultério, é melhor do que a esposa que se separou, pois percebeu a situação insustentável da relação ou vice-versa?

Será que Deus acha que a deslealdade é menos importante que a traição? Pois, permite que o casal que se detesta fique casado sem compartilhar a verdade, enquanto Ele abomina quem preferiu ser leal em dizer o que não se sente, sem arranjar um álibi para se separar com "vitória legal"?

2
ः

DANDO UMA CHANCE AO SEU CASAMENTO

Antes de qualquer coisa, analise o que existe em seu casamento. Certamente, todo casamento em que existe amor, graça e espírito de perdão pode ser restaurado.

Durante todo o meu ministério, vi muitos testemunhos de casais, cujo o amor, a alegria e o prazer foram restaurados no relacionamento. Há centenas de casais que desistem da separação e ficam bem. Mas, para isso, tem de haver ou ter havido, em algum dia, um sentimento verdadeiro entre as partes. Sentimos quando as pessoas estão querendo uma desculpa ou não. Busque, sem preconceito, dar uma chance muito boa ao seu casamento. Ao vislumbrar uma segunda chance, deixe as coisas fluírem, pedindo a Deus que dê certo.

Creio que o "reavivamento" de amores machucados e abatidos pelas estações invernais da vida conjugal traz a bela e doce primavera. É possível que seja apenas um cansaço da rotina. Com o cansaço da rotina do casamento, os casais buscam rejuvenescer a alma com um sentimento novo. Saiba que o coração é enganoso, e quando estamos predispostos, ele fica mais enganoso ainda! Amar e viver a dois dá trabalho e demanda um esforço contínuo para alimentar o amor.

Não podemos jogar a toalha com tanta rapidez!

Esse pode ser apenas um tempo difícil, como todo mundo passa. Separação nunca deve ser fruto de circunstâncias. Quando é assim, sempre nos arrependemos.

As circunstâncias mudam, e a saudade volta avassaladora.

É preciso muita calma.

Muitas vezes o vaso quebra ou perde a forma, mas se houver quem pedale para manter a roda girando (com dois é melhor), e não faltar água para manter o barro úmido, logo, tudo poderá ser reconstruído e toda quebra no acabamento poderá ser refeita.

Afinal, não devemos ser como o "cristal nas mãos do oleiro", mas sim o barro em suas mãos, posto que assim é natural, visto que barro é o que todos somos.

Ora, o cristal não se refaz como o barro mantido em umidade pelo movimento. Casamentos de *cristal* são tão lindos e, por consequência, tão frágeis que não suportam as quebras, os tombos e os acidentes.

Casamentos de barro são sempre tão simples e limpos como o milagre da vida. Se houver a energia do amor que mantenha o barro em movimento na roda da vida, e se houver umidade para mantê-lo em seu estado mais forte – o quebrantamento – então, o casamento de barro sempre se renovará da fraqueza se estiver na roda do "amor e vida".

3
☙

Um caso excitante escondido

O desejo da carne, da alma, do instinto, do sexo, da vaidade, da soberba e da conquista tem em si a força da eternidade, pois, por tais coisas, o homem troca a paz, alegria, sossego, amores estáveis e o de sempre por uma história para contar, por uma transgressão a prezar, um caso excitante a esconder, um poder a ostentar, por segurança financeira, um rosto belo e um corpo novo e sedutor. Enfim, pela soberba da vida.

A alma não aceita o "não" como resposta e inventa álibis para justificar sua determinação de abraçar o momento como fosse a eternidade. Esses álibis renderão a alma prantos por terem se autoenganado.

A pessoa que vive nesta situação não ouve, não vê, não escuta, ou se assim faz, nega-se a ouvir o que lhe chega aos ouvidos, e nega-se a ver o que lhe pintam ante os olhos como lucidez, e repudia qualquer voz que lhe peça para escutar a alma.

Trata-se de um surto. Sim! Da forma mais comum de surto – aquela que se faz acompanhar de paixão pela paixão. E quem dirá "não" a esse "louco senhor" de sua própria desgraça?

Pais, cônjuge, filhos, amigos e a própria consciência da fé, em tal caso, tornam-se impotentes ante a avalanche dos desejos e entopem todos os canais da lucidez cheios de entulhos, deixando o lúcido homem em estado de sepultamento sob os encontros de seus próprios enganos e agonias.

Nada há de mais letal para uma paixão do que vivê-la; e nada há de mais letal para o amor do que tentar vivê-lo como se ele fosse uma paixão.

Uma paixão "vivida" faz o objeto do desejo de alguém rapidamente tornar-se um "ser mortal", como todos os demais.

Dê-lhe algumas noites na luz; e dê-lhe algumas contas para pagar à luz do sol; e você verá que a alma é burra, inoperante, desligada, irresponsável e abusiva. Afinal, você é o escravo; você é o louco que deixou tudo por ela; e você é também o responsável por vê-la bela para sempre. Se ela ficar feia, ela lhe dirá: a culpa é sua!

Alguns vão, quebram a cara e tombam. Outros vão, quebram a cara e tombam. Outros vão, quebram a cara e voltam. Alguns encontram alguém esperando na volta, outros não. Então, a antiga paixão é chorada como a pior dor do coração. E que vem a ser, com muita propriedade, chamada de "desilusão".

O pior de tudo é que o tal "surtado" sempre pensa, antes de tudo, que dará jeito até naquilo que Deus diz não ter solução passível de felicidade.

Paixão, no seu surto, quando se associa à transgressão, à traição ou mesmo ao abandono, sempre crê que todos os impossíveis, dessa vez, serão possíveis.

Sim! A pessoa crê que uma nova era está sendo inaugurada pela sua paixão disfarçada de amor feito de desejos incontroláveis. Ora, não foi assim com ninguém desde o Éden, mas a pessoa pensa que o mundo está recomeçando com ela.

Sansão e Dalila, Davi e Bate-seba, (e quem mais tenha sofrido pelo surto das paixões), todos pensavam que seria diferente.

E, assim, mais uma vez pergunto: e quem dirá "não" a esse "louco senhor" de sua própria desgraça?

Cada um é tentado pela sua própria cobiça, que é sempre um misto de instinto com insegurança. Assim, quanto mais inseguro acerca do sentido da vida se está, mais a pessoa dá asas à fantasia da alma e nunca faz a viagem sem voltar aos porões da alma, ainda não iluminados pela luz da realidade.

No fim, a pessoa vê (às vezes, já tarde demais) que tudo o que ela dizia ser essencial, foi nada mais do que uma fome criada pelo instinto do inseguro, que, agora, depois de ter feito tudo o que disse, viu que não foi nada mais do que um fugaz desejo de possuir. A pessoa não sente que tem domínio sobre si, e pior ainda: não gosta de si mesma.

Estou escrevendo isto a alguém entrando em tal estado de surto, e desse estado, vi poucas pessoas saírem felizes. Os que conseguiram foi em razão das bem-aventuradas dores do arrependimento.

Cristo nos ama, mas deixa o filho ir conhecer a terra distante, na esperança de que volte ainda com vida.

4

༶

O COMEÇO DO FIM

Somente cínicos podem pensar numa separação como algo indolor.

Viver é sofrer. Todos sofrem, e não há como evitar todos os sofrimentos deste mundo. Podemos tentar fazer tudo para não atraí-los para as nossas vidas, mas não temos controle sobre o que nos virá, pois "esse desígnio Deus estabeleceu sobre os filhos dos homens, para que não saibam o que lhes sucederá". Assim, na separação os filhos sofrerão de um modo ou de outro. Ou pela separação, ou pela permanência congelada no relacionamento. Numa avaliação de curto prazo, eu diria que eles sofrerão muito com a separação.

Mas, olhando a longo prazo, vejo que certas coisas precisam ser feitas logo, a fim de que não sejam atrasados os processos de cura. Tudo vai depender do modo como vai se tratar a questão antes, durante e depois. Não mudar como pai dos filhos (se os tiver) e, quem sabe, até melhorar e for bom e amigo da mãe deles (evitando humilhá-la e tratando-a com reverência e amor fraterno). Assim, tudo irá para seu próprio lugar, e, em algum tempo, as coisas ficarão normais.

O que precisamos saber é que não vale à pena se separar "por causa" de outra pessoa. Portanto, o que tiver que fazer, faça pela verdade e pela saúde que nascem da sinceridade. Mas não chame "nenhuma causa" concreta para o problema. A verdadeira causa de qualquer separação nunca é a "outra pessoa", mas sim o fato de que um dos cônjuges não ama o outro, ou ambos não se amam, e é isto que abre a porta para a entrada de outros sentimentos, que jamais entram no peito de ninguém se o coração está ocupado.

Nessas questões, os cristãos não perdoam. Apenas se acostumam com o passar do tempo, isto na melhor das hipóteses. Os cristãos que você vê lidando bem com o novo casal, ora previamente casados com outras pessoas, em geral, são uma raridade. A maioria dos que se sentem bem e tratam bem um "novo casal" é porque não conheceram nenhum dos dois com seus cônjuges anteriores.

Infelizmente essa é uma decisão solitária. Sabe-se que muitas pessoas se arrependem quando dão vazão à "pulsão", pensando que estão caminhando na direção do amor.

Na hora da carência tudo fica muito parecido.

Pode ser que a pessoa se separe, tenha um tempo de muito prazer e alegria, encontre um rejuvenescimento de alma e, depois, quando for viver junto com outro(a) mergulhe na rotina e pense: meu Deus! Rotina por rotina, na outra, pelo menos, eu já tinha a minha rotina, e agora estou tendo de me adaptar a uma "outra rotina". Apenas mudei meus problemas de endereço.

Todavia, há algo que terá de pesar muito bem. Quem ama a família, muitas vezes não suporta as consequências da decisão, mesmo quando a toma por amor.

Não assuma nenhuma forma de "purgatório", ou seja, não diga: "vou ficar só para me punir". Não é verdade, não funciona e faz mal, muito mal.

Numa hora dessas não dá para contar com quase ninguém, por isso não adianta contar para ninguém. Poucos são os amigos de verdade que podem ouvir, entender, aconselhar e não julgar.

5

Separação civilizada

Ninguém jamais está preparado para se separar. Posso apenas dizer que não havendo "hora certa" para se separar, melhor será pensar, orar, refletir e, então, sem desespero, tomar a decisão. Não é justo ficar segurando seu marido ou esposa sabendo que você vai deixá-lo(a) mais cedo ou mais tarde. Além disso, também não é justo com ele(a) que você fique com ele(a) apenas por causa do dinheiro, ou da segurança, ou por qualquer outra coisa.

Mulheres sim, muito mais que os homens, se sujeitam a ficar em casamentos sem amor em razão da insegurança da sobrevivência. Portanto, não é uma questão masculina, mas de baixa autoestima e insegurança pessoal.

Há algo muito errado com o cônjuge que força o outro a ficar, mesmo sabendo que ele(a) não quer ficar, e o torna infeliz!

O prolongamento de certos estados, seja por pena, compaixão ou qualquer outra razão de "permanência", acaba por se tornar cruel, pois a vida de ambos torna-se horrível, e a tendência é fazer crescer amarguras e ressentimentos.

Se a pessoa diz que quer que você fique, mesmo sem amá-la; saiba, ela está precisando de tratamento urgente!

Não obstante, não planeje a sua separação como se fosse algo que merecesse ser tratado com a frieza com a qual planejamos a morte de alguém. Se você vai se separar, separe-se; mas, não viva ao lado dele(a) planejando o dia da "libertação". Não é legal! Muitas vezes a ex-esposa torna-se vingativa e manipuladora. Sendo assim, conhecerás o "inferno já nesta terra".

Ora, tais pessoas, no ato da separação são extremamente problemáticas. Elas arranjam contenda e fazem chantagem na intenção de manipular e transfrerir a culpa e a responsabilidade.

Tenha muita calma. Devagar as crianças absorverão. E se você mantiver a porta do diálogo aberta com a mãe deles, tudo ficará mais fácil. Se ela tiver crises e atacar você, e tentar demonizá-lo, não compre a briga. Isso dá e passa. E logo a pessoa enxerga outra vez quem é o outro.

Ore. Pense. Busque a Deus. E tome sua decisão sem afronta. Mas se é isto que a pessoa quer, não a prenda por muito tempo, por mais que a pessoa queira que você fique de qualquer jeito. Você e ela não gostarão do resultado, se levarem o relacionamento adiante.

6
೦੩

OFICIALIZANDO O QUE JÁ EXISTE

"Tome a sua Cruz, minha filha"—foi o conselho de uma mãe a uma filha sistematicamente espancada pelo marido. O conselho deveria ser outro: "Minha filha, é a Cruz que vai libertar você desse carrasco sem medo e sem culpa religiosa".

Louvo a Deus por todos os casais que conseguem se reencontrar. Deus sabe da minha alegria por eles.

Quando um casal vive as situações acima descritas, não se está divorciando, mas apenas se está "oficializando" o que já existe: a total separação! E, nesse caso, não vejo como fazer um casal ficar junto se não existe mais o amor recíproco.

O divórcio é uma amputação para ser praticada apenas e tão somente se as partes ou uma delas estiver morrendo. É apenas para salvar. "Perdão é a solução para os casamentos magoados e feridos—seja pela traição ou não, mas nunca me propus a indicar como caminho para um casal a permanência no casamento se eles não se amam".

Não podemos tentar fazer de uma vitória pessoal uma regra para milhões de casos, cujas variáveis não passam pela mesma situação. Se seu cônjuge não quisesse mais de jeito nenhum? O que você faria? O amarraria ao pé da cama? Não! Nesse dia você teria de aprender um outro lado da Cruz. Aprenderia que a Cruz traria graça para você poder se separar dele sem ódio e sem amargura, mas com perdão. Os dois não andam juntos se não houver acordo entre eles!

Tenho muitos exemplos a dar de pessoas que conheço que participaram de encontros de casais, e que conseguiram superar as crises. Também tenho o testemunho de muitos outros que conseguiram, por um tempo, e depois se separaram. E também daqueles que não conseguiram desde o início.

A diferença é a seguinte: quem vai a um encontro como esse já carrega a vontade de "ficar", de aprender o caminho da permanência. São pessoas que se amam ou veem uma chance e querem aprender a viver a vida com sabedoria. Então, é claro, as chances de sucesso são maravilhosas. E fico mais do que feliz que seja assim. Há alguma chance, sempre insista nela.

E sempre que encontrar casais magoados, que ainda estão insistindo na permência, tente ajudá-los a aprender o caminho do convívio e da paz. Isso só acontece com perdão e sabedoria, pois o essencial neles existe, que é a qualidade do amor conjugal verdadeiro.

Nunca as experiências pessoais de alguns tornar-se-ão regras aplicáveis a todos. Seria como transformar uma experiência pessoal de divórcio em uma proposta para os casados se separarem. Seria loucura e grande pecado assim proceder!

7

CARÊNCIA PÓS-SEPARAÇÃO

Começar um outro relacionamento não é a melhor saída. As chuvas de oportunidades se converterão em águas amargas. As consequências poderão ser desastrosas. Eis o tempo de silêncio e luto.

Quem tem a aflição de ser amada acaba sendo usada, posto que, em sua busca, sempre pensa que aquela pessoa pode ser 'o escolhido'. E se o impostor for bom de 'demonstrar amor', então, veremos mais uma menina sendo usada e iludida.

Acompanho a vida de muita gente em gabinete pastoral há muito tempo, e, raras vezes vi alguém buscando ser amada ou encontrar um amor.

Quanto mais a pessoa se entrega a tal busca, mas carente fica. A cada nova frustração apenas aumenta o estado de desejo de ser amada.

O que está por trás de tudo isso é a insegurança!

Carência afetiva e insegurança emocional são a mesma coisa dentro do coração! A pessoa anseia que alguém, em algum lugar, a queira mais que tudo. Ela não vê sentido na vida se não houver alguém que a ame incondicionalmente.

Por fim, a moça encontra-se em meio à angústia e ao desencanto, pois buscara na pressão e sufocação a forma de manter o seu relacionamento. A carência revela-se nos gestos, exala pela pele, expressa-se nos olhos até dos que anseiam escondê-la.

Em geral, todos os homens veem a carência de uma mulher a milhas de distância, ora estampada na face ora nos olhos. E os que são aproveitadores as envolvem pela sedução. E como fruto, só resta a frustração de uma mulher desiludida.

Uma vez que a mulher deseja ser amada, ela busca o carinho e o amor em demasia de quem apenas a deseja carnalmente.

Talvez o homem a envolvera pela sua beleza, mas não está disposto a amar ninguém. No momento em que você começar a fazer demandas, ele pensará: "Isso aqui justifica essa chatice?" E responde para si mesmo que "não", então, lhe dispensa. Mais uma frustração que aumentará ainda mais o buraco da alma. O que fazer? É a pergunta. Primeiro, saiba que se trata de algo que se atrela à insegurança, que quanto mais você se entregar, mais carente ficará, e menos chances terá de ter alguém definitivo. Creia que a questão é mais profunda do que apenas carência feminina. De fato, trata-se de uma necessidade ainda mais essencial e profunda. É necessidade de amparo da vida em Deus e não em um homem, muito menos em muitos deles.

A imagem que o Evangelho usa para descrever esta carência é a do poço de Jacó. História de Jesus e a mulher Samaritana (João 4).

Se você ler o texto, verá que tudo ali tem a ver com a água e a sede. Além disso, Jesus explica à mulher que sua sucessão de buscas e fracassos afetivos vinha do fato de ela buscar amor incondicional e absoluto em homens, e não em Deus. Assim, Ele a oferece a 'água da vida'.

Somente quando aprendemos o significado de Deus na nossa vida, que começamos a ter a segurança genuína para ser e viver. Na realidade, conheço poucas pessoas que alcançaram esse estado de plenitude em Deus e em si mesmas, de modo a ficarem acima da necessidade psicológica, que se apresenta como 'necessidade de um amor'. Mas, de fato, é carência de um significado mais profundo para a vida.

Conheço mulheres que são muito assediadas, mas sem ter qualquer vontade ou tentação de se amparar em alguma oferta de amor. E por quê? Porque elas têm uma vida tão profunda com Deus e encontraram razão de ser tão mais profunda, que jamais se sentiram carentes de nada que não fosse de amar de verdade, sem migalhas, sem poços de miragem.

Ora, quando uma mulher quer amar e não apenas ser desejada e amada, ela tem tudo para se preservar nesta vida.

E saiba: um homem sério jamais se interessaria por uma mulher sem princípios. Essas são para uma noite ou uma semana, talvez uma quinzena ou mês. Quem desejará conviver para o resto da vida com alguém sem valor?

Tenho algumas sugestões a fazer. Identifique essa sua necessidade de ser desejada e amada, e em cima de tal constatação, confesse a Deus sua carência. Depois, peça a Ele que lhe ajude a não mais se impressionar com assédios, posto que eles são óbvios. Desse modo, dê a você o privilégio de amar sem ser por necessidade. Amar segundo a necessidade não é amor, mas apenas carência.

Por outro lado, não busque o amor. Fique quieto. Quando o amor verdadeiro quiser 'levantar-se', saiba, ele se levantará em sua alma.

Não tema ficar só, pois, o não temer é o melhor remédio para não ficar só. Quem teme ficar só, fica só. Quem não teme, jamais ficará.

Mas se na sua 'necessidade' de ser amada você ficar se entregando, saiba: sempre haverá homens para se aproveitarem de você, e sempre faltará aquele que ficará de vez.

Se você apenas doar-se a quem lhe ama de verdade, de modo que os corações sejam sondados, então, nenhum sentimento enganoso chegará a você. Essa é a grande segurança que uma mulher pode ter nesta vida, e a que mais protege o coração.

8
☙

CONCESSÕES BÍBLICAS PARA O DIVÓRCIO

O evangelho de Marcos 10:9 fala do plano original de Deus. O que Deus uniu, o homem não separa.

Divórcio não faz parte do plano original de Deus, visto que não é a vontade perfeita dele. Malaquias 2:16 diz que Ele odeia o divórcio. Mas, por causa da dureza do coração, Deus permitiu separação.

VONTADE PERMISSIVA DE DEUS.

Os judeus se divorciavam de suas esposas por qualquer motivo.

1. Porque elas queimavam o pão;
2. Não temperavam a comida adequadamente;
3. Não eram boas donas de casa / incompatibilidade / brigas, etc.

Tudo que um judeu precisava fazer era dar uma carta de divórcio. Dt. 24:1-2.

A tese de uma escola rabínica de Jerusalém, cujo líder era chamado Hillel, ensinava que um judeu podia se divorciar por qualquer motivo. Outra escola, cujo líder era Shamai, defendia a ideia de que o divórcio só era legal no caso de adultério.

E Jesus, quando questionado em Mateus 19:1-9, concorda com a tese de Shamai.

1. **CONCESSÃO BÍBLICA** – Adultério, fornicação, relação sexual ilícita.

"Eu vos digo, porém, que qualquer que repudiar a sua mulher, não sendo por causa de prostituição, e casar com outra, comete adultério". Mt. 19:9

Repudiar, termo de conotação jurídica, significa "dissolução do vínculo".

A palavra repudiar no original hebraico e grego tem o mesmo sentido de libertar, soltar, liberar, dissolver radicalmente, desligar, como no caso de um soldado que dá baixa do exército. Soltar-lhe as cadeias da obrigação e da responsabilidade para então sair em liberdade.

2. CONCESSÃO BÍBLICA - Abandono pelo descrente.

Mas, aos outros, digo eu, não o Senhor: Se algum irmão tem mulher descrente, e ela consente em habitar com ele, não a deixe. I Cor. 7;12,13 e 15

E se alguma mulher tem marido descrente, e ele consente em habitar com ela, não o deixe.

Mas, se o descrente se apartar, aparte-se; porque, neste caso, não podemos estar sujeitos à servidão, pois Deus chamou-nos para a paz.

Havia um problema que surgiu em Corinto

Quando os coríntios se convertiam, em alguns casos o marido ou a esposa incrédula abandonava ou se divorciava do cristão por causa da sua fé em Cristo.

Paulo responde que não se submetrá à *servidão* (dissolução do casamento). O termo servidão refere-se ao tráfico de escravos. Quando um escravo era declarado livre da servidão, seu antigo dono não tinha mais direito sobre ele. Nesta concepção, significa ser livre – o casamento não será uma condição de escravidão.

3. **CONCESSÃO BÍBLICA** -Morte

Não sabeis vós, irmãos (pois que falo aos que sabem a lei), que a lei tem domínio sobre o homem por todo o tempo que vive? Rm. 7:1-3

Porque a mulher que está sujeita ao marido enquanto ele viver, está ligada pela lei; mas, morto o marido, está livre da lei do marido. De sorte que, vivendo o marido, será chamada adúltera se for de outro marido; mas, morto o marido, livre está da lei. Sendo assim não será adúltera se for de outro marido.

Divórcio é um caminho tão trágico e triste, que só é a solução quando não há mais vereda a seguir. O divórcio não é o ideal de Deus para a vida humana.

Nós só cortamos uma mão, uma perna ou arrancamos um olho se for para salvarmos a própria alma ou a dos outros. Do contrário, somente um insano faria isso!

Tenho encontrado muitas pessoas me pedindo para "convencê-las" apenas porque gostariam de usar o convencimento em seu próprio favor. Mas sejamos nós responsáveis diante de Deus pelo que fazemos ou cremos.

De minha parte não fui chamado para pregar o divórcio, mas a reconciliação. Os que não se separam, na melhor das hipóteses, vivem como muitos estão vivendo, isto é, separados. Estão dentro de casa, mas já foram embora há muito tempo. São os "separadamente juntos".

Casamento tem de ser de corpo, alma e espírito — não um papel com firma reconhecida ou um convite para uma liturgia religiosa apenas.

No Novo Testamento, o casamento não é regido por leis, mas por amor. Assim diz Ele: "os casados sejam como se não fossem".

Em família, não há fórmulas, a única fórmula é ter um coração de um convertido junto ao coração do outro.

9

ALGUMAS PERGUNTAS

PERGUNTA

Estou apaixonada por outro homem, devo me separar?

RESPOSTA

Algumas pessoas, mesmo sendo felizes sexualmente com o cônjuge, sentem uma vontade louca de não perder tempo, de conhecer algo mais, de provar o que não se provou, de degustar o que parece saboroso, de crer que a vida já não será mais possível sem uma grande aventura de amor e paixão.

Ao viver essa aventura, verá que apenas mudou suas carências de endereço.

O amor leva tempo para ser edificado, já as paixões não. A paixão tem o poder dos feitiços e dos encantamentos que levam à cegueira.

Assim, quanto ao outro, digo que você está com sentimento enganoso e se sente no direito ilusório de não passar pela vida sem conhecer outros beijos e amores.

Mas saiba que a frustração e o arrependimento a visitarão com força esmagadora. Logo saberá que o ocorrido entre você e o "outro" foi apenas ilusão do coração.

Tire isto de sua cabeça e não viva neste autoengano!

Além disso, a cada 10 casamentos que acabam em razão de uma paixão, apenas 1 deles tem um futuro venturoso. A maioria logo vê que saiu de casa para repetir, de modo piorado, o que já tinha.

Pergunta

Como tratar e acompanhar uma situação de divórcio?

Resposta

O caminho da solução conjugal nunca é comunitário. Não envolva "legiões" em conflitos pessoais.

Especialmente quando a questão é vida pessoal e privada. Na igreja, todos acham que têm o direito de interferir, despojando a curiosidade e os legalismos malignos sobre a vida dos outros.

Digo isto porque, como pastor, nunca levei caso nenhum à igreja, e sempre tentei ajudar as pessoas no secreto e no ambiente particular, uma vez que expor a privacidade à coletividade não condiz com o fundamento bíblico. É assim que procedo em tudo o que diz respeito à privacidade humana. Só se deve tratar em comunidade o que é coletivo, e casamento não é vínculo de muitos, mas de dois apenas.

Tive situações de divórcio entre membros da igreja, e surgiram muitas pessoas com o desejo enorme de "tratar o caso junto comigo", pois nunca a ninguém flanqueei tal oportunidade, que para mim é humilhante. Isso só piora em tudo à nossa volta, inclusive a possibilidade do casal encontrar com maturidade sua própria solução, seja ela qual for.

Pergunta

Você acha que um casamento pode ser restaurado? É possível restaurar os laços do amor? Será que as pessoas talvez não só queiram um álibi para se apoiar na hora do divórcio?

Resposta

É claro que todo casamento em que há amor, graça e espírito de perdão, pode ser restaurado. Muitos tiveram o casamento restaurado. Durante o meu ministério, tenho vivenciado vários testemunhos de amores restaurados. Agora, muitos vivem na alegria e prazer de serem um do outro. Primordialmente, para isso acontecer, o sentimento de amor tem que ter existido entre o casal em algum momento da vida.

Todavia, há uma coisa que sem amor, nada nos aproveitará; nem mesmo o dar o corpo para ser queimado na fornalha de um casamento angustiantemente infeliz!

Mas, lembre-se! O que digo neste livro só tem algum valor se o que você diz é de fato verdadeiro, e não apenas a "saída" de uma pessoa que "cansou" do cônjuge, por qualquer motivo, como os fariseus cansavam das suas mulheres nos dias de Jesus.

De vez em quando, todo mundo cansa. Então, se é assim, que cada um tenha tempo para refletir. Mas, neste caso, a recomendação jamais seria o divórcio. No entanto, não faça nada sem esgotar as verdades de seu próprio coração.

A decisão é sua. A responsabilidade com as consequências também é sua, e de mais ninguém. As consequências aparecerão e atingirão várias áreas da sua vida.

Quanto a um álibi para apoiar seu divórcio, dá para sentir quando as pessoas estão querendo uma desculpa e quando não estão.

Pergunta

Por que há divórcios em grande escala por coisas fúteis?

Resposta

Porque o aspecto físico ocupa o primeiro lugar no relacionamento. Quando se casa com uma mulher esperando que ela melhore depois do casamento; às vezes, dá certo, mas não é bem assim.

Paulo apresenta toda a sua dúvida ainda mais profunda quando pergunta: "Como sabes se converterás a tua esposa?" Não corra esse risco.

A vida já é muito difícil. Conhecer bem antes é melhor do que desconhecer logo depois.

Quando há apenas paixão e não amor. O amor e a paixão podem até andar juntos, mas são diferentes. A paixão, como dizem, dura no máximo 18 meses, (dizem os otimistas que pode até chegar a 3 anos) e é seguida de cansaço, desinteresse e até aversão. Não suporta a realidade, mas é a artífice da fantasia. Na paixão, as falsas expectativas são montadas e as futuras desilusões preparadas. O amor (ou o que entendemos ser o amor), ao contrário, pode utilizar-se da paixão como gatilho, mas precisa que a mesma arremessa para mostrar a sua força. Pois quem ama o outro, ama com seus defeitos e imperfeições, e não o quadro pintado na mente fantasiosa da paixão.

A paixão é egoísta, o amor não visa seus interesses. A paixão é impaciente, o amor tudo espera. Paixão se sente, amor se tem. A paixão vinga a ferida, o amor perdoa a falta.

No meio evangélico, casa-se a fim de resolver o problema do "desejo sexual" e acaba-se criando um bicho muito pior: um casamento fadado ao divórcio! Então, separa-se por qualquer motivo. Leia o livro *O divórcio começa no namoro*.

Pergunta

Traí, me arrependi, mas quero salvar meu casamento!

Resposta

Ou vocês se perdoam na Cruz, ou vocês carregarão os seus fardos pesados separadamente.

O que não pode é vocês ficarem nesse encontro de contas, cobranças, desconfianças, e nessa auditoria sem fim.

Se for para se ofenderem e ficarem revivendo o passado, é melhor que fiquem separados.

Só vale à pena continuar se houver perdão. Do contrário, haverá apenas tomento. Se vocês forem capazes de viver na Graça e tratarem-se como Deus em Cristo nos tratou e trata, então vocês ainda podem ser felizes.

Perdão é oferecer ao outro a chance de começar outra vez, sem história e sem passado, com tudo sob o Sangue do Cordeiro.

Pergunta

Sua posição a respeito de filhos adolescentes que convivem com a realidade do divórcio dos pais. Muitos dizem que os filhos serão "problemas" no dia de amanhã, como pessoas adultas. Este fato pode trazer traumas na vida dos filhos?

Resposta

É obvio que os filhos sempre sofrem com o divórcio dos pais. Divórcio é uma amputação dificílima. Quem já passou, sabe.

Filhos, todavia, na mesma medida em que não querem que seus pais se separem, e somente em casos insuportáveis é que eles admitem a necessidade, sofrem em todo o casamento em que a situação pediria um divórcio, mas que é sempre adiado.

Quando filhos naturais dão problema, ninguém diz: "Está assim porque foi gerado por mim". Todos dizem: "Não sei o que dá na cabeça desse garoto".

Quando o filho é adotado, e dá trabalho, todos dizem: "É porque é adotado. Deve ser herança genética".

Com os filhos de divorciados é assim também. Se os filhos sobrevivem ao divórcio, foi um milagre. Se botam seus problemas para fora, foi por causa do divórcio. E o que dizer dessa multidão de filhos problemáticos de pais que não admitem nem mesmo falar ou pensar no assunto? De quem é a culpa? Por que será que são assim tão complicados?

Meu Deus! As pessoas estão sempre procurando um álibi para tudo!

Quem se divorciar, que viva com as consequências.

Quem não se divorciar, que nunca se queixe.

Quem tiver filhos problemáticos depois de uma situação de divórcio; esqueça o divórcio e trate de seu filho.

Quem não tiver problema com os filhos depois de um divórcio, continue grato.

Quem nunca se divorciou e tem problemas com os filhos, saiba: é assim mesmo!

O justo, todavia, andará pela fé; divorciado ou não!

E seus filhos também.

10
ಲ

CASAR OU NÃO CASAR?

O que justifica um casamento é o amor por alguém e o desejo de ter uma família. No entanto, não havendo tal desejo, não há porque casar.

Casamento se tornou apenas uma opção, e isso se for boa. Pois, não o sendo, ninguém deve se casar por qualquer que seja a obrigação.

Além disso, tenho que dizer que no meio cristão ou religioso em geral, as pessoas casam por causa de sexo. Casam para transar sem medo ou culpa. Assim, muitos casamentos cristãos aconteceram e acontecem apenas a fim de dar autorização sexual aos que de outra sorte morreriam de culpa, tendo sexo sem o vínculo do casamento.

É também por tal razão que milhares de cristãos são infelicíssimos em seus casamentos, pois a permissão para transar nem sempre vem carregada pelo amor.

Paulo em I Coríntios 7 diz que o casamento deve acontecer apenas em razão de desejo abrasado ou por circunstâncias favoráveis. Veja: *"É melhor que todo homem fique assim como eu estou"* — sem casamento.

Ora, mesmo assim, no caso de dois se casarem, Paulo diz que eles devem ser casados como se não o fossem, a fim de que a eventual dor de uma separação, patrocinada pelas circunstâncias, não viesse a esbagaçar suas almas com o peso da dor da separação involuntária.

"Os casados sejam como se não fossem" — diz ele.

As pessoas, no entanto, casam-se porque têm que se casar. Sim! Porque casar faz parte do pacote da prosperidade social e da maturidade. Sim! Porque parece um aleijão passar de certa idade e não casar. Sim! Porque casar também se tornou um atestado de normalidade.

Então, tendo dinheiro e idade, a maioria casa; e, logo depois, nós vemos os casais se desconhecendo como se nunca de fato tivessem se encontrado.

Assim, se você está bem, em paz, sem carências, e decidido em seu coração sobre como você deseja viver (em paz e ajudando os outros), então, digo a você: não procure casamento.

Casamento só com muito amor. E nunca deve ser a primeira opção, mas sim a decisão que se torna inevitável em razão do amor.

As almas estão cada vez mais tomadas pelas carências. São carências e mais carências. São carentes desejosos de casar porque odeiam ficar carentes. Casam-se e, depois de algum tempo, querem melhorar o casamento porque estão carentes. E assim, brigam entre si porque os dois ou um só está carente.

Desse modo, em razão da carência, um deles trai, ou apenas se cansa, e diz que aquele casamento não dá, pois não preenche a carência. Quem sabe um novo casamento? Um novo marido? Uma nova mulher?

A carência é o diabo. Carência é a TPM dos casamentos malsucedidos. Carência é o indicativo de que alguém deseja outra coisa.

Desse modo, mesmo amando, ainda assim é a cada dia mais complicado estar casado, pois as almas estão muito frágeis e em busca de álibis para suas tristezas não assumidas, o que solapa a estabilidade emocional dos vínculos.

Você vê pessoas que se amam se desentendendo por subjetividades cada vez maiores.

De fato, na maioria das vezes, os casamentos vão acabando por coisas que os implicados muitas vezes nem mesmo sabem o que é.

"Estou carente..." – "O amor acabou..." – "Ele mudou..." – "Somente agora eu vejo quem ela é..." – "O sexo não é mais o mesmo..." – "Minha mulher só reclama..." – "Meu marido não dá a mínima..." – "Estou com medo..."

Apenas casam-se. Casam-se consigo mesmos, com as suas próprias projeções e com as carências de suas próprias almas; e depois acham estranho que seja tudo muito, muito ruim mesmo.

Não é bom que o homem esteja só, mas é pior ainda que ele esteja com quem não quer estar, onde não deseja estar, e vivendo uma vida que ele e ela não reconheçam como sendo deles, muito menos comum.

Por isso, sem um ditado do amor sobre sua alma, não invente para si mesmo dores que somente se fazem valer quando acompanhadas pela imposição do amor. Do contrário, são as piores e mais desnecessárias dores desta vida, e que podem ser evitadas sempre, pois, só vale a pena atender tais chamados quando a convocação é a do amor.

É o que penso, segundo o que entendo ter sido a intenção de Paulo ao escrever o que escreveu em I Coríntios 7.

CONSIDERAÇÕES FINAIS

☙

1- Precisamos lembrar sempre o ideal divino, o plano original de Deus em relação ao casamento. O que Deus uniu, o homem não pode separar.
2- Não devemos falar em divórcio enquanto não temos falado sobre perdão, reconciliação e restauração.
3- Em último caso, quando não houver mais recursos, devemos então nos preocupar com o divórcio em suas bases bíblicas.
4- Deixar claro que a pessoa deve permanecer na vocação em que a graça de Deus a encontrou segundo I Co. 7:20.
5- Havendo arrependimento, uma pessoa divorciada em bases ilegítimas não está fora do alcance do perdão e restauração de Deus.

Creio em outra saída para o casamento. Afinal, quando há saída para o casamento, é porque o amor é a saída em si. Sim, quando há outra saída, é porque as pessoas se amavam na mesma frequência e com a mesma expectativa de encontro, e que se tornaram frias, orgulhosas, indiferentes, e se magoaram; tornando-se cada uma delas, pelos seus próprios ressentimentos, pessoas com bandeiras a defender e direitos a buscar e afirmar.

Ora, quando o caso é esse, a solução não é fácil ainda, mas mediante o perdão, tais casais podem se reencontrar. Perdoar é brincadeira, o difícil é inventar o amor.

Ora, um homem pode amar uma mulher como amiga querida e reconhecer nela todas as qualidades ou vice-versa, e ainda assim morrer de depressão e dor ao lado dela, e ela ao lado dele. Sim, perdoar é fácil quando comparado à criação do amor que une um homem a uma mulher. No entanto, nenhum ser humano—mesmo o mais santo, e que ame até aos seus inimigos, conforme Jesus mandou—consegue "produzir" amor conjugal apenas porque reconhece que a outra pessoa é boa.

Nesse caso, quando tal amor não existe, o que fica é opressão e angústia, fica a vontade de sair correndo, fica o medo de ser mau com quem reconhecemos como sendo bom. Aliás, em geral, não se consegue ficar justamente por reconhecer que o outro merece o que procura, e que o coração não encontrou em si para oferecer.

O sofrimento de quem não ama é saber que não consegue dar o que a outra pessoa deseja e espera dele. Esta é a tortura de quem ama menos em relação à frequência do outro, ou que ama com outra qualidade de amor, o que para o outro ainda não satisfaz.

O grande sofrimento dos que amam fraternalmente enquanto são amados visceralmente, é justamente sofrer por amor fraterno a incapacidade de dar algo que não possui, e que o outro espera de nós, pois tem e nos dá, não conseguindo demandar menos do que oferece.

E você sabe que nenhum curso e nenhum homem tem esse poder de criar amor que é verdadeiro para com uma mulher, e vice-versa.

O amor que se dá ao inimigo é filho da sabedoria e da razão, conforme Jesus ensinou e praticou.

Aquele amor, sinceramente, eu acho infinitamente mais fácil, até porque não cobra de você nada além de dar capas, túnicas, a outra face, e ainda assim, resistir ao outro como inimigo.

O amor entre um homem e uma mulher, portanto, não tem tal privilégio. Ele não é filho nem da sabedoria e nem da razão, mas de um ambiente muito mais profundo, em que o que vale não é a boa intenção, mas a verdade de ser. O amor pelo inimigo é sábio. O amor entre um homem e uma mulher não é nada, ele apenas é ou não é.

Se um dia tal amor existiu entre amantes, então, ainda existe como semente nos corações que murchou. Mas se nunca houve, quem terá o poder de fazê-lo nascer?

O amor que une um homem e uma mulher tem que ser verdadeiro e inexplicável como o amor de Cristo pela humanidade. O amor de Deus pelos homens é loucura, assim como o é o amor de um homem por uma mulher. Quando digo loucura, não falo e não creio que o verdadeiro amor seja loucura como confusão, mas ele é loucura como falta de razão.

Esse amor não pode ser inventado, ele tem apenas que ser admitido! Tenho milhares de pessoas como testemunha de que passei a minha vida "unindo" casais, não separando-os. Mas isto só acontece quando o problema deles era falta de perdão, não inexistência de amor.

Considerações Finais

No meu cotidiano pastoral, o que mais faço é ajudar as pessoas a não se separarem, quando elas se amam.Se eu escrever hoje e pedir para todos os que, de um modo ou de outro, foram ajudados a permanecerem casados mediante alguma forma de participação minha, você verá que "multidões" aparecerão.

Sendo assim, não vejo como fazer um casal ficar junto se não se ama. O divórcio é uma amputação para ser praticada apenas e tão somente se as partes ou uma delas estiver morrendo. É apenas para salvar. Ninguém gosta de andar de bengala ou muleta pela rua. Mas entre perder a perna e a vida, prefiro andar manco!

Guarde isto! Dois não andam juntos se não houver acordo entre eles.

O DIVÓRCIO COMEÇA NO NAMORO

EDSON ALVES DE SOUSA

Esperar alguém no Senhor existe? É possível amar muitas vezes? Quando as carícias avançam, quem freia? Casar por pressão vale a pena? E se ela estiver grávida? Amar sem amor, o que é isso?

Namoro é um estilo de vida que envolve as nossas atitudes e valores. O namoro pode parecer um jogo inocente, mas muitas vezes é a busca egoísta por relacionamentos de curto prazo. Isso ocorre porque a ideia principal dos namoros é, geralmente, confundir com a aproximação sem nenhuma intenção real de compromisso a longo prazo.

Na maioria dos casos, o que falta para o casal, é um propósito bem definido no namoro. As pessoas namoram sem a responsabilidade de um compromisso real, ou seja, se entregam a todas as emoções sem nenhuma intenção de casamento. O namoro passou a ser aproveitado pelas pessoas pelo seu valor de entretenimento.

Os namoros estão caminhando em direção a uma intimidade cada vez maior e sem compromisso. Em 1 Tessalonicenses 4:6, a palavra de Deus chama isso de "defraudar": roubar alguém ao criar expectativas, mas não satisfazendo o que foi prometido.

Ter intimidade sem compromisso é defraudar. Um relacionamento baseado somente na atração física resistirá apenas enquanto durarem os sentimentos.

Mulheres que estão ansiosas para conceber – e que têm urgência em conceber – sabem o que significa esperar. É a marca da infertilidade. Espera-se em consultórios médicos por prescrições intermináveis ou para que a luz indicadora do teste de gravidez acenda. Espera-se por aquele milagre, e quando não acontece, espera-se novamente. Inconcebível é a história verdadeira e singular de Shannon Woodward, uma mulher que parou de viver uma espera interminável. Woodward revisita dezoito anos de frustração, dor e ódio. Ela aborda o assunto a partir de sua própria experiência, a fim de mostrar como mulheres podem alcançar a paz em meio ao desapontamento através da entrega de suas esperanças, perdas e sonhos Àquele que cura todas as imperfeições.

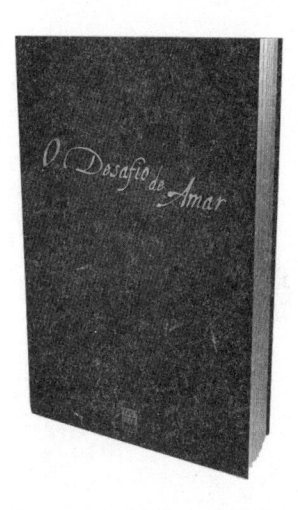

O amor incondicional é apaixonadamente declarado nas cerimônias de casamento, mas raramente posto em prática na vida real. Como resultado, algumas expectativas românticas são sempre substituídas por decepções em casa. Contudo, essa situação não pode permanecer desta forma. O livro O Desafio de Amar é um desafio de 40 dias para maridos e esposas que desejam entender e praticar o amor incondicional. Independente de como esteja o seu casamento, ameaçado ou forte e saudável, O Desafio de Amar é uma estrada que precisa ser seguida. É hora de descobrir os segredos de um casamento cheio de vida e da verdadeira intimidade. Aceite o desafio!

> "Tudo sofre, tudo crê, tudo espera, tudo suporta.
> O amor jamais acaba."
>
> 1 Coríntios 13:7-8

Em tempos de crises, muitos casais encontram dificuldades em seu relacionamento. Muitos são os questionamentos e tentativas para salvar o casamento, busque as respostas em Um Minuto com Deus. Reflexões curtas e práticas ajudarão o casal a viver uma verdadeira paixão e compromisso. Experimente e fortaleça seu casamento como nunca.